AF349918

Vente du Jeudi 19 Mars 1874

SALLE N° 6

JOLIE COLLECTION

D'OBJETS D'ART

ET DE CURIOSITÉ

Belles Faïences dites de Perse et autres ;

Porcelaines de la Chine et du Japon ;

Meubles du XVI⁰ siècle et du temps de Louis XIV ;

Beau Tapis persan.

TAPISSERIES

PROVENANT EN GRANDE PARTIE

DE LA COLLECTION DE M. F. R.

EXPOSITION PUBLIQUE : *Le Mercredi 18 Mars 1874*

Mᵉ CHARLES PILLET	M. CHARLES MANNHEIM
COMMISSAIRE-PRISEUR,	EXPERT,
10, rue de la Grange-Batelière	7, rue Saint-Georges.

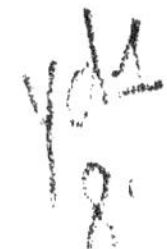

13.666.80
59.889.85
—————
89.543.65

19.066.95
48.509.80
—————
80.556.45

CATALOGUE

D'UNE JOLIE RÉUNION

D'OBJETS D'ART

ET DE CURIOSITÉ

Belles Faïences de Rhodes, dites de Perse ; Faïences françaises ;
Belles Porcelaines de la Chine et du Japon ; Vitraux ;
Sculptures en ivoire et en bois ; Fers ouvrés ; Joli Meuble en bois sculpté
du XVIe siècle ; Jolie petite Console et beaux Cadres du temps
de Louis XIV en bois sculpté et doré ;
Petite Horloge Louis XVI à crémaillère ; Beau Couvre-lit en soie brodée ;
Beau Tapis persan ancien.

BELLES TAPISSERIES

Provenant en grande partie de la Collection de M. F. R.

ET DONT LA VENTE AURA LIEU

HOTEL DROUOT, SALLE N° 6,

Le Jeudi 19 Mars 1874

A DEUX HEURES ET DEMIE

Par le ministère de **Me CHARLES PILLET**, Commissaire-Priseur,
10, rue de la Grange-Batelière,

Assisté de **M. CHARLES MANNHEIM**, Expert, 7, rue Saint-Georges,

Chez lesquels se distribue le présent Catalogue.

EXPOSITION PUBLIQUE : *Le Mercredi 18 Mars 1874*
DE UNE HEURE A CINQ HEURES.

CONDITIONS DE LA VENTE

Elle sera faite au comptant.

Les adjudicataires payeront *cinq pour cent*, en sus des enchères.

L'exposition mettant le public à même de se rendre compte de l'état des objets, il ne sera admis aucune réclamation une fois l'adjudication prononcée.

Paris. — Typ. PILLET fils aîné, rue des Gr.-Augustins, 5.

DÉSIGNATION DES OBJETS

FAIENCES DITES DE PERSE

1 — Joli vase en forme de bouteille à col renflé, à décor de médaillons à écailles, rinceaux et ornements émaillés en couleurs sur fond blanc.

2 — Autre charmant vase de même forme, mais plus petit, à décor d'ornements émaillés en bleu, rouge et vert sur fond blanc.

3 — Petit broc à une anse, décoré de palmes et de fleurs émaillées en couleurs sur fond blanc.

4 — Broc analogue à celui qui précède.

5 — Petite jardinière ronde en ancienne faïence dite de Perse, décor de fleurs émaillées en camaïeu bleu.

6 — Grand et beau plat à riche décor de fleurs, feuillages et rosace fleuronnée au centre en bleu, vert et violet sur fond blanc.

7 — Autre beau plat décoré d'une palme au centre entourée de feuillages et d'ornements en émaux de couleurs.

8 — Plat rond à quatre palmes à fond rouge et feuillages émaillés vert.

9-16 — Huit jolis plats à riches décors de fleurs émaillées en couleurs. Ils seront vendus séparément.

17 — Plat rond à palme à fond bleu au centre et feuillages et ornements au bord.

18 — Joli plat à feuillages rouges sur fond à écailles émaillées vert et bleu.

19 — Beau plat rond décoré de fleurs arabesques émaillées en couleurs sur fond blanc.

20 — Plat rond à rosace fleuronnée sur fond rouge.

21 — Autre plat rond à rosace, décoré en émaux de couleurs variées.

FAIENCES FRANÇAISES

ET AUTRES

22 — Fabrique de Nevers. — Joli pot à eau à décor de fleurs et d'oiseaux en camaïeu bleu rehaussé de jaune sur fond bleu de Perse. Belle qualité.

23 — Même fabrique. — Joli petit vase en forme de balustre, à décor de fleurs et d'oiseaux en camaïeu blanc sur fond bleu de Perse.

24 — Fabrique de Rouen. — Joli pichet à cidre, décor polychrome à fleurs, ornements rocaille et écusson surmonté d'une couronne.

25 — Même fabrique. — Pot à eau à décor de fleurs et ornements en camaïeu bleu. Il est monté en argent.

26 — Fabrique de Niderwiller. — Pomme de canne formée d'un buste de femme coiffée d'un cygne dont le bec vient pincer le nez de la figure. Caricature allégorique de Jupiter et Léda.

27 — Petite cruche en grès émaillé brun, offrant des branches de fleurs et un écusson armorié en relief, décorés en couleurs et or.

PORCELAINES DE LA CHINE

ET DU JAPON

28 — Charmant petit vase en forme de balustre à deux anses garnies d'anneaux mouvants, en porcelaine de Chine émaillée jaune nankin, et offrant en relief le signe de longévité répété sous toutes ses formes, et à médaillons-attributs.

Ce vase a été reproduit dans l'Histoire de la céramique de M. Albert Jacquemart, page 44.

29 — Jolie théière en ancienne porcelaine coréenne à ornements gaufrés en relief imitant les vagues de la mer, et décorée de fleurs et d'ornements émaillés en couleurs. Citée dans le même ouvrage que la pièce qui précède, page 119.

30 — Charmant petit vase en ancienne porcelaine de Chine, décoré en émaux de la famille verte, à sujet tiré de l'histoire d'une impératrice de la Chine, à fleurs et ornements.

31 — Petit vase en forme de bouteille en céladon bleu turquoise. Sur socle en bois.

32 — Vase de même forme en porcelaine de Chine émaillé rouge haricot, sur socle en bois sculpté.

33 — Beau plat en ancienne porcelaine de Chine, décoré
en émaux de la famille verte, à figures de femmes
dans un paysage, et fleurs et ornements au marly.

34 — Deux grands et beaux plats en ancienne porcelaine
de Chine, décorés en émaux de la famille rose à fleurs,
volatiles et ornements.

35 — Beau plat rond en ancienne porcelaine de Chine, à
décor dit cachemire, de style persan. Il provient de
la collection de Ferrol.

36 — Joli compotier ou petit plat rond à pans en ancienne
porcelaine de Chine, décoré d'un paysage en émaux de
couleurs et or. Il provient également de la collection
de Ferrol.

37 — Jolie fontaine-applique en forme de balustre à côtes
et à couvercle en ancienne porcelaine de Chine, décorée
en émaux de la famille verte à fleurs, oiseaux et ornements.

38 — Joli plat rond en ancienne porcelaine de Chine, décoré en émaux de la famille verte à sujet guerrier
composé de figures de cavaliers et autres. Collection de
Ferrol.

39 — Jolie coupe à pans en ancienne porcelaine du Japon,
décor polychrome et rehauts d'or, à fleurs et ornements.

40 — Jolie coupe ronde en ancienne porcelaine craquelée
de la Chine, décorée de fleurs et d'ornements en
émaux de la famille verte, sur fond émaillé vert d'eau.

41 — Deux jolis petits compotiers, modèle à pans, en ancienne porcelaine du Japon, à rosaces repercées à
jour et décorés en camaïeu bleu et or à fleurs et ornements.

42 — Beau compotier en ancienne porcelaine de Chine,
décoré en émaux de la famille verte à compartiments
de fleurs, oiseaux et ornements fantastiques.

43 — Jolie assiette en ancienne porcelaine de Chine, décorée en émaux de la famille rose. Scène tirée d'un
roman chinois.

44 — Autre jolie assiette en ancienne porcelaine de Chine,
décorée en émaux de la famille rose à figure de divinité
montée sur un cerf. Ornements quadrillés au marly.

45 — Deux jolies assiettes creuses en ancienne porcelaine
de Chine, décorées de groupes de figures finement
émaillées en couleurs et à bord filigrané d'or.

46 — Assiette en ancienne porcelaine de Chine, décorée
en émaux de la famille rose à corbeille de fleurs au
centre et à fleurs et ornements au marly.

47 — Jolie assiette en ancienne porcelaine de Chine, portant au centre un large écusson armorié, et aux bords
des fleurs et des ornements.

48 — Autre assiette en ancienne porcelaine de Chine,
décorée en émaux de la famille rose. Au centre, fleurs
et paons ; au marly, fleurs en émail blanc et ornements
en couleurs.

49 — Beau vase en forme de rouleau en ancienne porcelaine de Chine, décoré en émaux de la famille verte à
sujet familier de la cour de Chine. Belle qualité.

50 — Autre joli vase de même forme en ancienne porcelaine de Chine, décoré de figures de femmes et d'enfants émaillées en couleurs. Décor artistique trèssoigné.

51 — Groupe très-curieux en ancienne porcelaine de
Chine, en forme de pêche de longévité entourée de
branchages en relief, offrant sur sa face une ouverture
circulaire, et à l'intérieur, un groupe composé d'une
figure d'homme et d'une figure d'enfant en ronde
bosse. Le tout émaillé en couleurs. Socle en bois
sculpté.

VITRAUX

52 — Six châssis pour croisées garnis chacun de trois vitraux anciens représentant des sujets variés et des écussons armoriés. Ce lot sera divisé.

52 *bis* — Lot de six panneaux de verres incolores. Travail moderne.

OBJETS VARIÉS

53 — Joli petit buste de Diane de Poitiers, en ivoire sculpté dans le style de Germain Pilon. Sur socle en bois sculpté portant le chiffre de Henri II.

54 — Petit buste de femme en ivoire sur piédouche en bronze doré et socle en bois noir à moulure dorée. xviie siècle.

55 — Jolie petite salière de forme triangulaire en argent doré gravé à arabesques, oiseaux et armoiries, et supportée par trois pieds formés de têtes de chérubins. xvie siècle.

56 — Salière en forme de piédouche en argent repoussé
à rinceaux, groupes de fruits et ornements. Époque
Louis XIII.

57 — Deux médaillons ronds en bois de chêne sculpté,
offrant en bas-relief les bustes des deux médecins mar-
tyrs, St Damien et St Cosme. Ils sont rehaussés d'or.
xvi° siècle.

58 — Verrou en fer provenant du château d'Anet et portant en relief les armes de France couronnées et les
croissants mal ordonnés de Diane de Poitiers.

59 — Pulverin en fer à cannelures très-fines et portant un
chiffre surmonté d'une couronne de comte, rapporté en
relief. xvii° siècle.

60 — Dragon ailé dans l'attitude de la course. Bronze an-
tique, sur socle en marbre jaune de Sienne.

61 — Anneau pastoral en cuivre rouge doré, offrant en
relief les symboles des évangélistes ainsi que la tiare et
les clefs de saint Pierre. Le chaton est formé d'une
plaque de cristal de roche.

62 — Petite marmite de forme ronde à deux anses et repo-
sant sur trois pieds, en métal de cloche, décorée à sa
partie supérieure d'une frise représentant des figures
de danseurs en bas-relief. Travail du xvii° siècle.

63 — Deux girandoles du temps de Louis XVI à quatre lumières, en cuivre ciselé et argenté ; modèle à cannelures.

64 — Statuette en ancienne porcelaine de Saxe, personnage de la Comédie italienne.

65 — Deux jolies coupes ovales à anses à dragon dont le corps contourne la panse du vase. Bronzes japonais fondus à cire perdue.

MEUBLES

66 — Joli meuble du xvie siècle à deux corps en bois de chêne sculpté et incrusté de marbre. Les quatre portes offrent des figures allégoriques sculptées en bas-relief et le fronton découpé est orné au centre d'un arceau supporté par des colonnettes.

67 — Jolie petite horloge du temps de Louis XVI, en forme de cartel, en bronze ciselé et doré, se remontant à l'aide d'une crémaillère appliquée sur un fond de bois de rose, encadré d'ornements très-fins en bronze doré et surmonté d'un médaillon en biscuit de Sèvres à figures blanches sur fond bleu encadré d'ornements de bronze doré.

68 — Très-jolie petite console du temps de Louis XIV, en bois sculpté à dragons, ornements, fleurs et figurines d'enfants. Le dessus est formé d'une belle plaque de marbre brèche violette.

69 — Jolie petite pendule du temps de Louis XIV, accompagnée de son socle-support à consoles, en marqueterie d'écaille rouge et cuivre et garnie de bronzes dorés.

70 — Deux petites consoles de suspension en bois sculpté et doré du temps de Louis XIV, à feuilles entièrement repercées à jour.

71 — Autre jolie console de suspension de même époque et de travail analogue.

72 — Petite glace à biseaux dans un très-joli cadre du temps de Louis XIV, en bois sculpté et doré.

73 — Joli cadre de mêmes style et travail que celui de la glace qui précède. Celui-ci porte quatre fleurs de lys en relief.

74 — Autre beau cadre du temps de Louis XIV, en bois sculpté et doré à enroulements repercés à jour.

75 — Glace à biseaux dans un très-joli cadre en bois sculpté et doré à feuilles, et surmonté d'un soleil et de deux cornes d'abondance découpées à jour.

76 — Petite glace ovale à biseaux dans un joli cadre en bois sculpté et doré à fleurs et fruits, et découpé à jour.

ETOFFES

77 — Beau couvre-lit en satin blanc, couvert de riches broderies en relief en soie de couleurs, or et argent, à sujets de personnages chinois et fleurs. Cette pièce peut servir de portière.

78 — Grand et beau tapis de Perse à riche dessin velouté. Qualité très-ancienne.

TAPISSERIES

79-80 — Deux jolies tapisseries des Gobelins à sujets de personnages et à encadrements composés d'ornements. Belle conservation. — Haut., 2 m.55 ; larg., 2 m. 35. *Id.*, 2 m. 55 ; larg., 1 m. 80.

81 — Grande et belle tapisserie représentant les vendanges. — Haut., 2 m. 50 ; larg., 5 m. 15.

82 — Joli petit panneau à sujet dans le style de Teniers.— Haut., 1 m. 35 ; larg., 2 m. 85.